# जीवन की काव्य माला

## जीवन के कुछ पहलू का संग्रह

Sweta Srivastava

BookLeaf Publishing
India | USA | UK

Made with ❤ on the BookLeaf Publishing Platform
www.bookleafpub.in
www.bookleafpub.com

## Dedication

This book is dedicated to all life incidents which happened in my life, to all those people who helped me in knowing my worth by being with me or without me...

ये किताब उन सभी लोगों और व्याख्यको को संपर्तित हैं जो मेरी जिंदगी में आए या हुए क्यूंकि उन्होंने मुझे मेरी अहमियत का अंदाजा दिलाया चाहे आज वो मेरे साथ हो या न हो...

# Preface

This book will help you know that if you are an emotional person, if you are the one who feels taken for granted, if you feel lonely then you are not the only one. Everyone goes through these phases to gain maturity, to become enlightened, to know that this journey of experience is life!

ये किताब आपको ये जानने में मदद करेगी कि अगर आप एक भावुक व्यक्ति है, या आपको भी लोग भोला समझ कर बेवकूफ बना जाते हैं, आपको भीड़ में भी अकेला लगता हैं तो यह सिर्फ़ आपके साथ ही नहीं बल्कि हर व्यक्ति के साथ होता हैं। हर कोई इन सबसे गुजरता हैं ताकि वह एक समझदार इंसान जिसको अध्यात्म से जुड़कर यह समझ आ जाता हैं कि ये जिंदगी इक सफर है अनुभवों का.

# Acknowledgements

I am thankful to all people in my life especially my family who support me, my mentors who have guided me and inspired me and above all the Almighty which has always shown me the right path towards helping others, living life to the fullest and giving me strength in all hard times.

Thanks to them!

मैं उन सभी लोगों की आभारी हूं जो मेरी ज़िंदगी में है खासकर मेरा परिवार जिन्होंने मुझे हमेशा सहारा दिया आगे बढ़ने में, मेरे गुरुओं का जिन्होंने मेरा सही मार्गदर्शन किया और प्रेरित किया और सबसे ज़्यादा ईश्वर का जिन्होंने मुझे हिम्मत दी सही पथ पर चलने की, दूसरों की मदद करने की, ज़िंदगी को खुलकर जीने की और सभी कठिनाइयों में हिम्मत से काम लेने की।

धन्यवाद आप सबका।

## 1. प्रभु तेरा साथ रहे

मेरे जगमगाते दिनों में
मेरे उदासी भरे पलो में
मेरे करीबी दोस्तों की कतार में
मेरे दिल के खास जनों में
मेरी ऊंचाइयों के जश्नों में
मेरी नाकामियों के अंधेरों में
मेरे पसीनदीदा गीतों में
मेरे बेरुखे शब्दो में
मेरे हर सपने के ख्यालों में
मेरी सच्चाई की हकीकतों में
मेरे आज में मेरे हर साल में
रहना साथ प्रभु हमेशा
मेरी हर खुशी में मेरे हर हाल में....

# 2. आत्म विश्वास

अपनी एहमियत तुम खुद पहचानो
शक्ति अपनी तुम खुद से जानो
ज़रूरत किसी सहारे की जब पड़े तो
बस इश्वर से उसका साथ तुम चाहो

जो समझते नही तुमको उन्हें तुम छोड़ो
और जो दे साथ तुम्हारा उनको तुम खुद से जोड़ों
पर अपनी सच्चाई तुम कभी मत बदलो
और दूसरों का भ्रम तुम ऐसे तोड़ो

जो आज नहीं मानते तुमको कुछ भी वो कल याद करेंगे
पर कल जब याद करेंगे तब हम उनको नई मिलेंगे
शायद समझेंगे एहमियत वो तुम्हारी
और क्यों हम आज ऐसे है जैसे उनको कल दिखेंगे ।।

## 3. शिव शक्ति

शिव और शक्ति की ताकत अपार है
शक्ति शिव पर करती जीवन मल्हार है
शिव में धैर्य का समंदर है तो
शक्ति में साहस का भंडार है...

रौद्र अगर शिव हो जाए तोले
उजाले में करते अंधकार है
शक्ति के साथ ही वो होते पूरे
इस जग में शिव शक्ति की महिमा
अपरम्पार हैं।

# 4. कर्मों का फल

जब देता कोई दुख है तो बुरा लगता है
छन भर भी मन को आराम नई आता
अच्छे कर्म करते रहे मगर फिर भी
हमारे दुखो का विराम नई आता
पूछते है कई सवाल खुद से
झुझते है खुद के मन से
क्या बुरे है हम या किया इतना बुरा है
जो हमारी तकलीफों पर कभी पूर्णविराम नई आता

बहुत भटके बहुत समझा इस जीवन को
फिर समझ आया कि ये हमारा ही सफर है
इसमें कई जन्मों के कर्मों का फल है
शरीर मारता है पर आत्म का कभी अंजाम नई आता।

# 5. ख्वाइश ऐसी

एक ख्वाइश थी किसी के साथ चलने की
ज़िंदगी ने अकेला चलना सीखा दिया

एक ख्वाब था किसी की चाहत बनने का
ज़िंदगी ने खुद से प्यार करना सीखा दिया

एक तमन्ना थी किसी के प्यार को पाने की
ज़िंदगी ने इंतेज़ार करना सीखा दिया

एक उम्मीद थी किसी की ज़रूरत बनने की
ज़िंदगी ने खुद पर मारना  सीखा दिया।

## १९. मासूम इश्क़

मासूम सा इश्क था वो पर उसमें
मिलावट हो गई
लड़ते लड़ते उसके लिए आज खुद से
बगावत हो गई
खुद से ऊपर उसको रखते थे उसको हम
तो उसने समझा कि हमारा प्यार एक
बनावट हो गई
ज़माना कहता रहा पर हमने परवाह न
की
पर आज प्यार में सफेद चादर की
सजावट हो गई।

# 7. चाहत की चाहत

चाहत थी जिसको पाने की वो आज एक चाहत है
उसकी चाहत में ही अब हमको मिलती राहत है
मुलाकात के अब हम बंदिश नहीं
क्योंकि चाहत तो मर्जी से है पर
भुलाने की अब एक नई इबादत है
साथ तो सब धीरे धीरे छोड़ ही देते है
पर यादों में रहने की अब हमको हसरत है
रूबरू न भी हुए कभी तो ग़म नहीं
यादों में हमको मुलाकात करने की अब आदत है।

# 8. प्रस्ताव ऐसा हो...

क्या मेरी सुबह मेरी शाम बनोगे
क्या मेरे अल्लाह मेरे राम बनोगे
पूरी ज़िंदगी साथ देने का वादा
क्या मेरे नाम में अपना नाम बनोगे ??

कभी हंसने का तो कभी रूठने का कारण बनोगे
क्या आने वाली पीढ़ी के लिए प्यार का पैगाम बनोगे
दूर हो या पास याद हमको ही करोगे
क्या मेरे लिए वो खास व्यक्ति बनोगे??

# 9. गुलाब की सीख

गुलाब का फूल जो महकता भी है और मुरझाता भी है
जो प्यार दिखाता भी है और दर्द छुपता भी है
जो रिश्ता बांधने और टूटने दोनों में काम आता भी है
जो मंदिर हों या मस्जिद दोनों की शोभा बढ़ाता भी है
दे कोई जिंदा रहते तो दिल को सुकून देता भी है
और किसी के चले जाने पे उसकी खुशबू छोड़ जाता भी है
सजे ये कहींभी अपनी सुगंध नहीं भूलता है वो
तभी तो गुलाब का फूल कहलाता है वो...

# 10. अनुभवों का ज्ञान

सीख के कुछ नहीं आए थे हम
सीधे थे और सरलता को अपनाए थे हम
लोगों की होशियारी ने हमको होश में लाया
फिर भी अपने गमों को न दोहराए थे हम

वक्त के साथ सीख मिली हमको
गिरते थे पर न लड़खड़ाए थे हम
जाने दिया उनको जिन्होंने हमारी सरलता का मजाक बनाया
क्योंकि अपने अनुभवों से जानी बन पाए है हम।

# 11. ग्रहों की कहानी

उसके उजाले से रोशन संसार है
सबको रोशन करके खुद जलता है
ऐसा प्रकाश और आत्म बल जो देता है
उसी को सूर्य देव जग कहता है

ममता भरी हो जिसमें ऐसा शीतल ग्रह है ये
कमी बस इसकी स्थिरता है
पर अगर इसकी शक्ति पा ली जिसने
उसमें चंद्र जैसी सौम्यता है

विशाल इसका रूप है, जान का प्रतीक है
भंडार लगा दे ये और सारा सुख इनसे मिलता है
कृपा है आप पे अगर गुरु मेहरबान है
क्योंकि जीवन में समृद्धि ये दिलाता है

बुद्धि बिना जीवन बेकार है
बुद्धि से जीवन में सफलता है
संचार तुम्हारा, शिक्षा तुम्हारी सब बढ़िया मिलती है
बुद्ध अगर आपका अच्छा हो जाता है

पराक्रम करने से डरता नहीं,
वीरता भरके जिसमें डालता है
गुस्से को अगर करले नियंत्रित तो
सब कुछ मंगल हो जाता है

न्याय करके तुम्हारे कर्मों का ही फल देते है
सेवा मन से ही सब कुछ मिलता है
देरी करदे मगर कभी अन्याय न करे
यही शनि देव का सबक सबको मिलता है

सारे ऐशो आराम और प्रेम का कारक है ये
रूप रंग कला और धन को भोगता है
इसकी कृपा से सुखमय जीवन होता है
शुक्र देव का आशीर्वाद जो पता है

कलयुग में सब इनको पूछे
हटकर सोच व्यक्ति को दिखाता है
अच्छा हो तो अचानक से राजा और
बुरा करें तो छन भर में राहु सब छीन जाता है

अध्यात्म से जुड़ने की सीख दिलाता है
अंतर्गत की चेतना जगाता है
यू तो संसार से अलगाव में ले जाता है
पर केतु ही पिछले कर्मों को दर्शाता है।।

# 12. वक्त का चक्र

वक्त होता कुछ ऐसा है जो खुशी में जल्दी
और दुख में देर से गुजरता है
ठहराता ये किसी के लिए नहीं है
वहीं सफल है जो इसमें बहता रहता है

वक्त के बहाव में सब बहते है
जो इसके बहाव से विपरीत जाता है
वहीं समाज में कुछ अलग करके
अपने नाम का पंचम लहराता है

अपने वक्त को जो सही जगह लगता है
वो अपने साथ दूसरों का भी उत्थान कर जाता है
ये वक्त का चक्र ही है जो कभी किसको
राजा तो कभी किसको रंक बना जाता है।।

# 13. सुख

जब माता पिता का हो साथ और अपने गुरु का हो आशीर्वाद जब
दुनिया देती हो धोखा पर तुम न छोड़ो मेहनत का हाथ
विश्वास हो भोलेनाथ का और न करते हो कोई गलत बात
मिले खुशी या गम पर फिर भी देखो तुम सपने दिन रात
सीखो तुम गलती करके फिर चाहे पड़े कितनी भी डांट
अच्छे कर्मों से ही मजबूत होती है तुम्हारी बुनियाद
फिर जीवन में लायेगी वो तुम्हारे खुशियों की सौगात
फ़िर मन चाहेगा सिर्फ़ मिले प्रभु का साथ
और हो जीवन में खुशियों की बरसात!

# 14. एक सदमा

एक सदमा जीवन की हकीकत बदल देता है
एक सदमा इंसान की मासूमियत छीन लेता है
एक सदमा रिश्तों को बिखेर देता है
एक सदमा मन में कई सवाल भर देता है
एक सदमा सपनों की पाबंदियां को मोड देता है
एक सदमा ईश्वर से विश्वास उठा देता है

पर इन सदमों से खुद को संभालकर अगर सीखो
तो इन सदमों से ज़िंदगी का सार समझ आता है!

# 15. दोस्ती

दोस्ती होती सबसे है मगर जो तुमको समझे वो कम लोग है
सच्चे दोस्त है जिसके पास वो इंसान निरोग है

जो तुम्हारी खामोशी में भी तुमको समझे
जो तुमसे ही अपना सुख दुख साझे

ऐसे दोस्त हो तो ये तुम्हारा संजोग है
दोस्ती निभाना भी एक योग है

सुख में तो सब साथ रहे जो दुख का हो साथी
वहीं दोस्ती की मिसाल है जिसके आगे कायनात भी है झुकती

रूठा तुमको रहने न दे, दर्द भी तुम्हारा बाट ले जो
ऐसे दोस्तो को खोना नहीं और उनको तुम संभालो

जीवन तो कट ही जाता है, पर दोस्त उसको आसान बनाता है
जिनके पास है ऐसे दोस्त वो ही इसको समझता है।।

# 16. जीवन की नियति

मन को मत भटकने दो, इसकी चेतना को जगाओ
फल की इच्छा किए बगैर अपने कर्म को तुम किए जाओ
लक्ष्य पे अपने डटे रहो तुम, रास्ता कितना भी मुश्किल हो
अपनी मेहनत से तुम भी बढ़ो और दूसरों को भी बढ़ाओ
मंजिल तुम्हारे कदम चूमेगी ही अगर यकीन रखो
विश्वास जब हो पूरा तो शंका कोई मत लाओ
सोते जागते जब दिखे अपना सपना कोई
तो कर्मों की कमाई से ही सपनों को तुम पूरा कर पाओ
और जब एक सपना हो पूरा तो दूसरे की प्यास तुम जगाओ
यही जीवन की नियति है, बस जीवन में आगे बढ़ते जाओ।।

# 17. ईश्वर का आशीर्वाद

कोई क्या उसका बिगाड़ेगा जिसके सर पे ईश्वर का हाथ हो
ऊर्जा हनुमान जैसी और देवी मां का साथ हो

कोई क्या उसका बिगाड़ेगा जिसके सर पे ईश्वर का हाथ हो
समर्पण हो गणपति जैसा और कृष्ण जैसे जज़्बात हो

कोई क्या उसका बिगाड़ेगा जिसके सर पे ईश्वर का हाथ हो
सरलता भोलेनाथ सी और राम जैसी दुश्मन को मात हो

कोई क्या उसका बिगाड़ेगा जिसके सर पे ईश्वर का हाथ हो
मां सरस्वती हो मार्गदर्शक और ज्ञान की करता बात हो

कोई क्या उसका बिगाड़ेगा जिसके सर पे ईश्वर का हाथ हो
शिर्डी बाबा जैसा सेवा भाव और संतुष्ट जिसके हालात हो

कोई क्या उसका बिगाड़ेगा जिसके सर पे ईश्वर का हाथ हो
राधा जैसा प्रेम और पार्वती जैसा विश्वास हो

कोई क्या उसका बिगाड़ेगा जिसके सर पे ईश्वर का हाथ हो
बिगड़े न कभी कोई काम जब ऐसे परमात्मा से मुलाकात हो।

# 18. बचपन की याद

जैसे ज़िंदगी आगे बढ़ती है बचपन की याद और आती है
वो स्कूलबैग का बोझ ही अच्छा था अब हालात बोझ लगते है
वो टीचर की डांट ही अच्छी थी अब लोगों से धोखे मिलते है
वो सुबह जल्दी उठना ही अच्छा था अब तो नींद को तरसते है
वो पॉकेट मनी हो अच्छी थी अब तो खुद की कमाई जोड़ते है
वो परीक्षा का लक्ष्य ही अच्छा था अब तो लक्ष्य ही ढूंढते है
वो गर्मी की छुट्टी ही अच्छी थी अब तो समय तराशते है
वो दोस्तों का झुंड ही अच्छा था अब तो दोस्त बनाने में घबराते है
वो कसरती दौड़ ही अच्छी थी अब तो ज़िंदगी के पीछे दौड़ते है
बचपन में बड़ा होना था अब बस बचपन को याद करते है।।

# 19. मोह माया

कौन अपना कौन पराया, सब इस जग की मोह माया
जिसने खोली मन की आँखें, उसने परम सत्य को पाया

क्या सुख क्या दुख, सब होते एक समान है
जो इन सब से उठ पाया, उसमें जीके मोक्ष पाया

क्या अमीरी क्या गरीबी, इनमें मन उलझ गया
जिसने दूसरे को देना सीखा, उसने सच्चा सुख पाया

कितना कम कितना ज्यादा, सबमें जीवन लगता आधा
जिसको संतुलन बनाना आया, उसने कामयाबी को पाया

कौन अच्छा कौन बुरा, सब हालात के मारे है
जिसने इसको समझ लिया, उसने जीवन का उद्देश्य पाया।।

## 20. एक निराला

सब चीज़ में संतुष्ट रहे, ईश्वर का सदा ध्यान रहे

बाहर खुशी तराशे नहीं, बस मन में प्रभु का वास रहे

सरलता मन में हो और देने का बस विचार करे

गिरकर फिरसे उठना आए जो हिम्मत के साथ बढ़े

ईर्षा किसी से होय नई बस सबका भला चाहे

दूसरों के लिए भी प्रेरणा बने जब खुद का विकास करे

मेहनत दिन रात करे और संचित ज्ञान का भंडार करे

अहंकार कभी न आए उसमें जो परमात्मा को समर्पण करे।।

# 21. आगे बढ़ता जीवन

जीवन कैसे आगे बढ़ जाता है...
कलम से छड़ी तक का सफर एक गहरा अनुभव दे जाता है

जीवन कैसे आगे बढ़ जाता है...
खुद जिद्द करने से बच्चों की जिद्द पूरी करने में निकल जाता है

जीवन कैसे आगे बढ़ जाता है...
चॉकलेट के शौक से मीठे के रोग में देह जाता है

जीवन कैसे आगे बढ़ जाता है...
दोस्त बनाने के जुनून से विलासिता में सुकून ढूंढता है

जीवन कैसे आगे बढ़ जाता है...
मीठे सपने देखने से लेके अगले जन्म का भय सताता है।

www.ingramcontent.com/pod-product-compliance
Lightning Source LLC
LaVergne TN
LVHW050830051026
849532LV00008B/3196

*9789371566995*